# PALTA PAYASADAS

SPANISH

MARCY SCHAAF

AVOCADO
ANTICS
MARCY SCHAAF

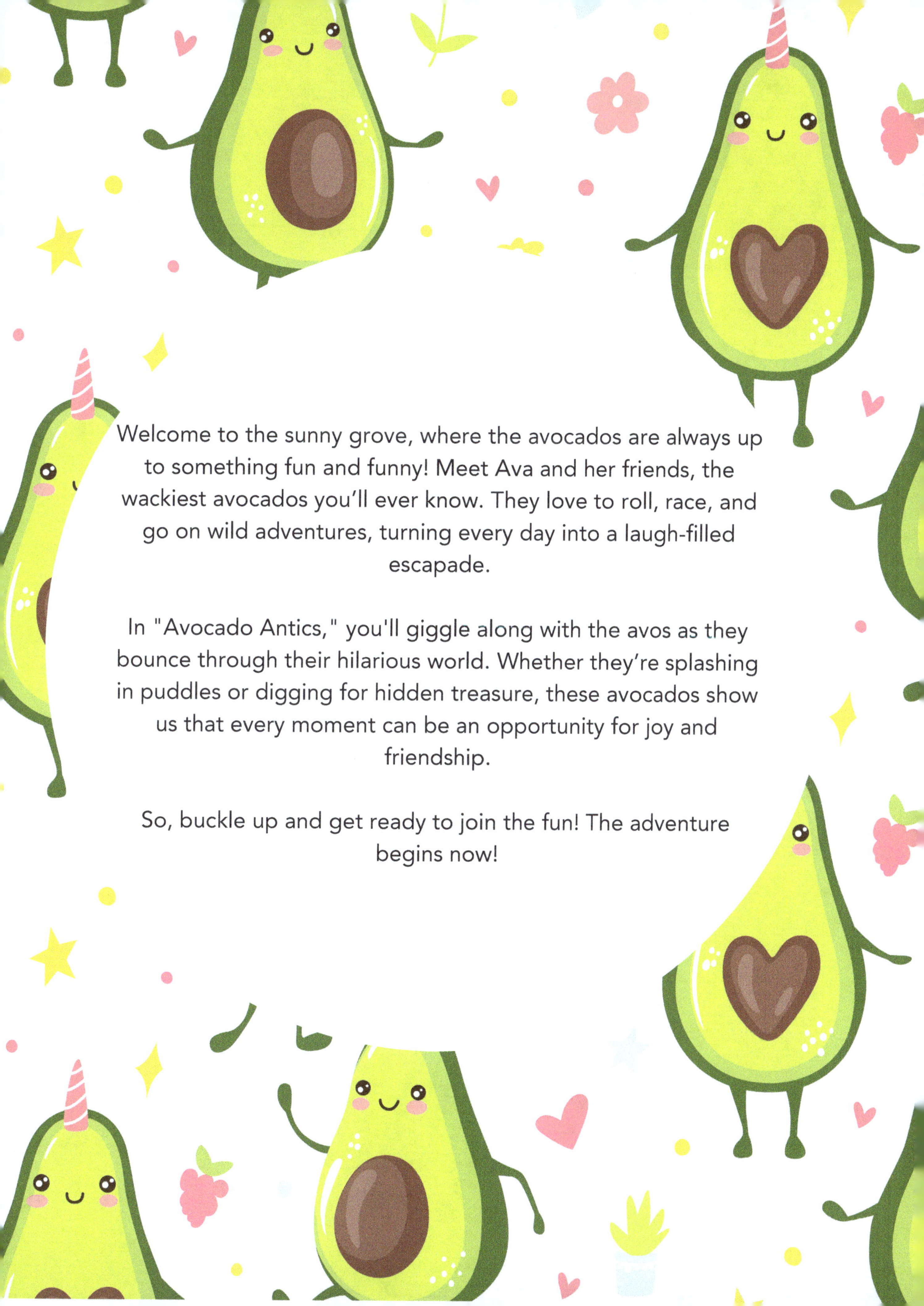

Welcome to the sunny grove, where the avocados are always up to something fun and funny! Meet Ava and her friends, the wackiest avocados you'll ever know. They love to roll, race, and go on wild adventures, turning every day into a laugh-filled escapade.

In "Avocado Antics," you'll giggle along with the avos as they bounce through their hilarious world. Whether they're splashing in puddles or digging for hidden treasure, these avocados show us that every moment can be an opportunity for joy and friendship.

So, buckle up and get ready to join the fun! The adventure begins now!

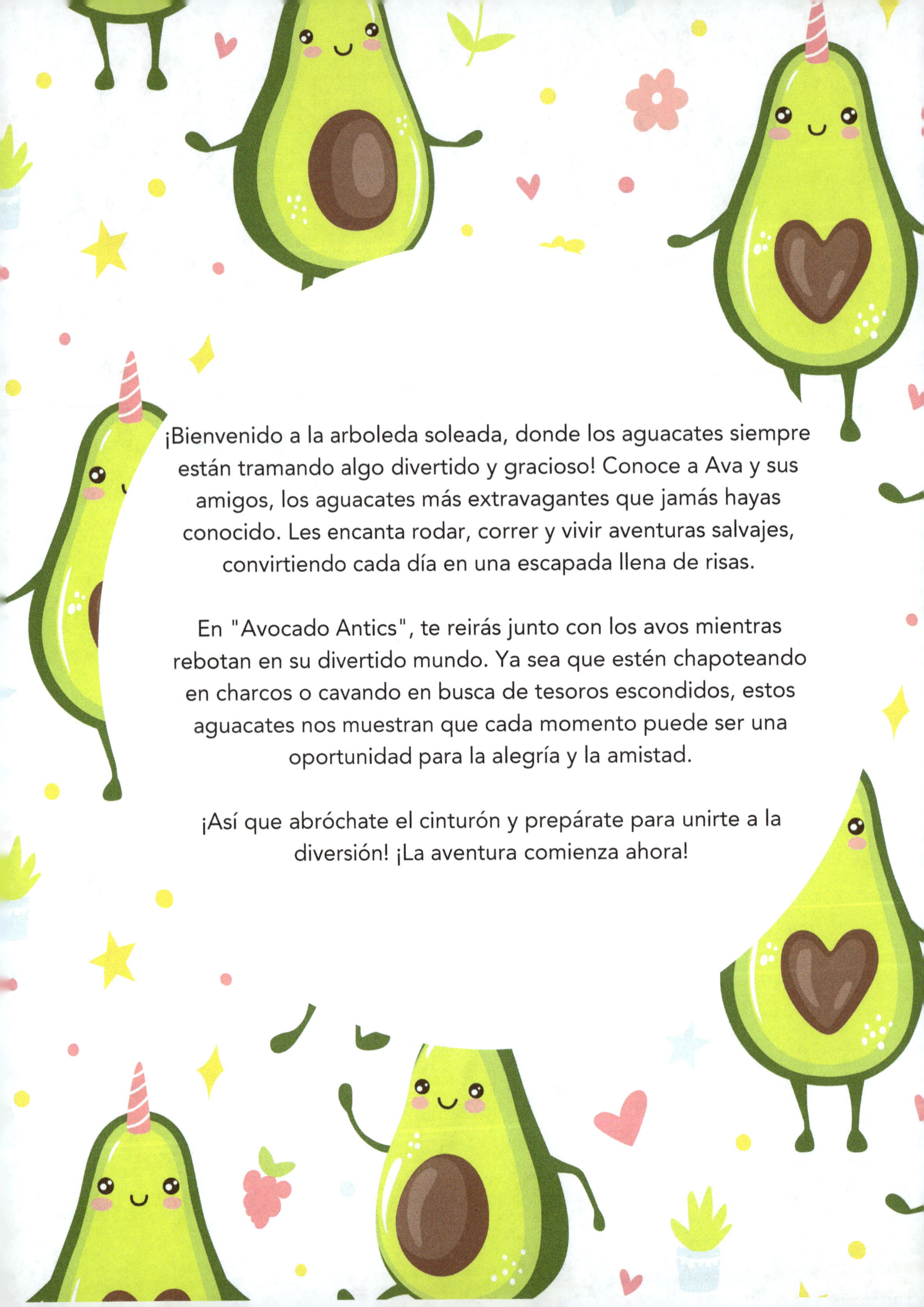

¡Bienvenido a la arboleda soleada, donde los aguacates siempre están tramando algo divertido y gracioso! Conoce a Ava y sus amigos, los aguacates más extravagantes que jamás hayas conocido. Les encanta rodar, correr y vivir aventuras salvajes, convirtiendo cada día en una escapada llena de risas.

En "Avocado Antics", te reirás junto con los avos mientras rebotan en su divertido mundo. Ya sea que estén chapoteando en charcos o cavando en busca de tesoros escondidos, estos aguacates nos muestran que cada momento puede ser una oportunidad para la alegría y la amistad.

¡Así que abróchate el cinturón y prepárate para unirte a la diversión! ¡La aventura comienza ahora!

Copy Write @ Marcy Schaaf 2024
Avocado Antics

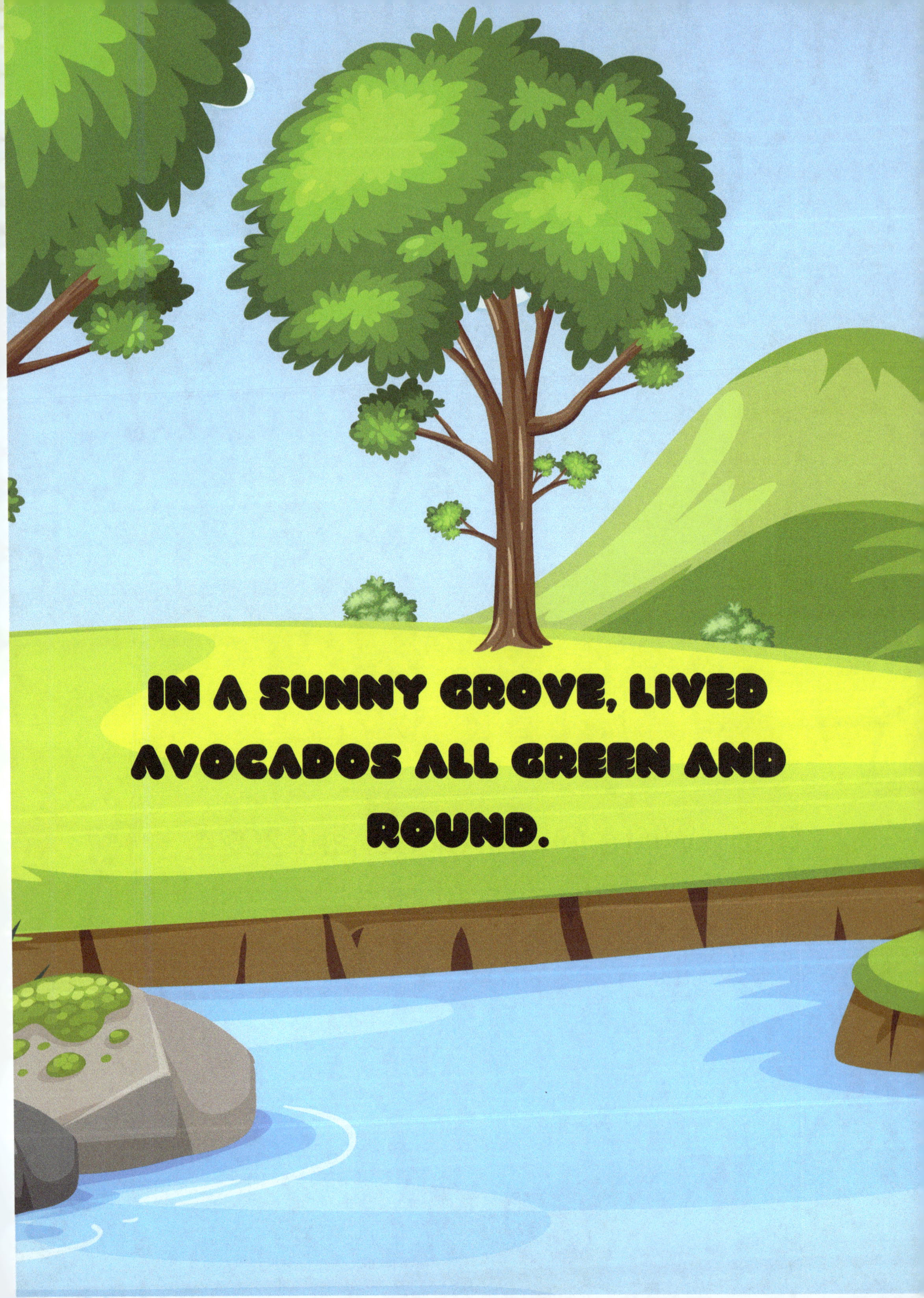

IN A SUNNY GROVE, LIVED AVOCADOS ALL GREEN AND ROUND.

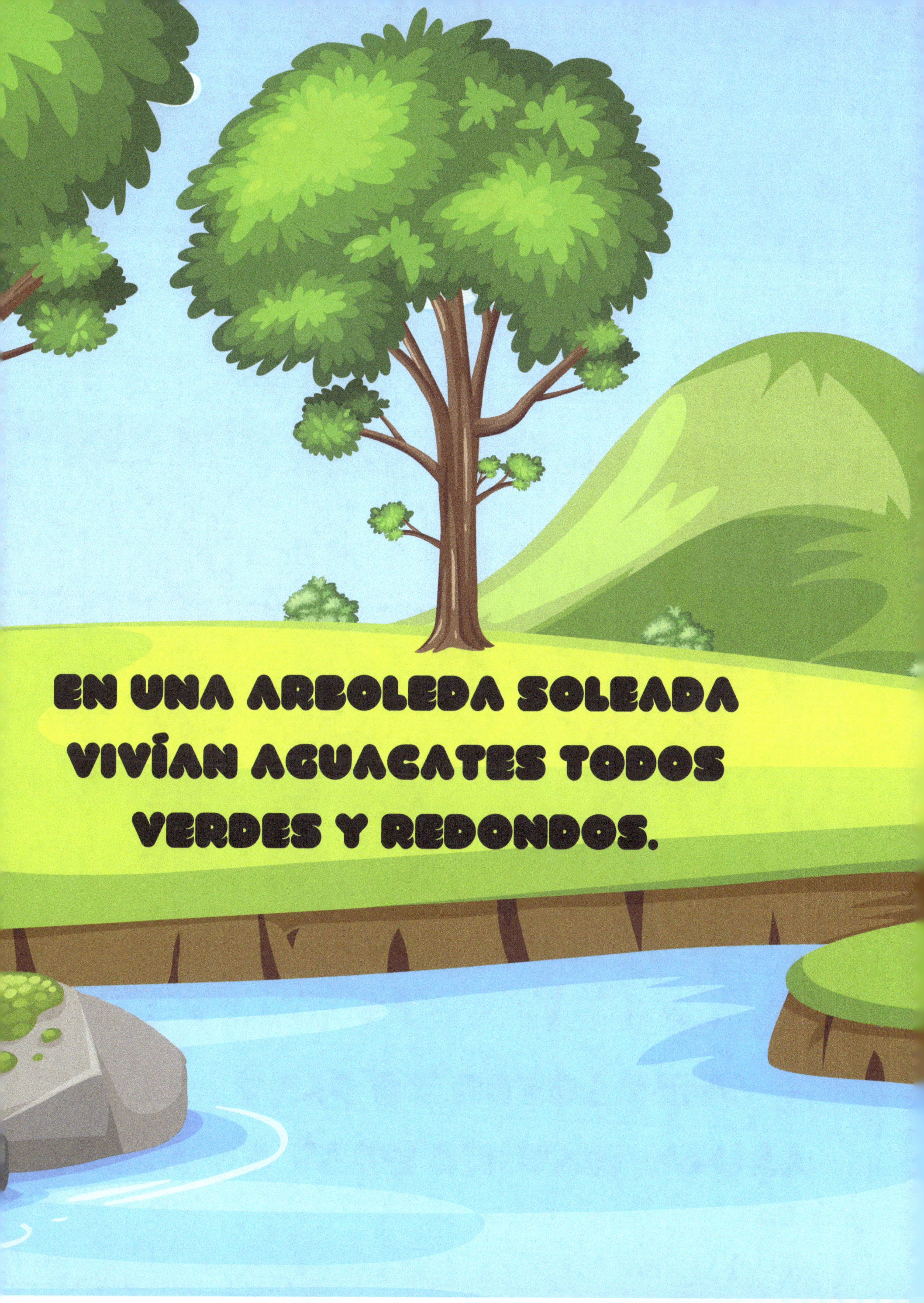

EN UNA ARBOLEDA SOLEADA VIVÍAN AGUACATES TODOS VERDES Y REDONDOS.

THEY LOVED TO PLAY AND LAUGH, MAKING SILLY SOUNDS.

LES ENCANTABA JUGAR Y REÍR,
HACIENDO SONIDOS TONTOS.

ONE DAY, AVA, THE SMALLEST AVOCADO, HAD A GREAT IDEA.

UN DÍA, AVA, LA AGUACATE MÁS PEQUEÑA, TUVO UNA GRAN IDEA.

"LET'S HAVE A RACE" SHE SAID, WITH A SMILE EAR TO EAR.

"HAGAMOS UNA CARRERA", DIJO, CON UNA SONRISA DE OREJA A OREJA.

GIGGLES AND CHEERS FILLED
THE AIR, A JOYOUS SOUND.

RISITAS Y VÍTORES LLENARON
EL AIRE, UN SONIDO ALEGRE.

AVOS LINED UP, READY TO ROLL,
BOUNCING ON THE GROUND.

AVOS SE ALINEÓ, LISTO PARA RODAR, REBOTANDO EN EL SUELO.

AVA SHOUTED, "GO!" AND OFF THEY WENT, ROLLING FAST.
GO

AVA GRITÓ: "¡VETE!" Y SE FUERON, RODANDO RÁPIDO.
IR

BUT THEN THEY HIT A BUMP,
FLYING HIGH, WHAT A BLAST!

PERO LUEGO TOPARON CON UN BACHE Y VOLARON ALTO, ¡QUÉ MARAVILLA!

THEY LANDED IN A PUDDLE,
SPLASHING EVERYWHERE.

ATERRIZARON EN UN CHARCO,
SALPICANDO POR TODOS
LADOS.

COVERED IN MUD, THEY LAUGHED WITHOUT A CARE.

CUBIERTOS DE BARRO, SE REÍAN
SIN IMPORTARLES.

THEY CLEANED UP IN THE SUN
NO TIME TO SPARE.

LIMPIARON AL SOL SIN PERDER TIEMPO.

AVA SAID, "THAT WAS THE BEST DAY EVER!"

AVA DIJO: "¡ESE FUE EL MEJOR DÍA DE TODOS!"

THE AVOS AGREED, "WE WILL FORGET IT NEVER!"

LOS AVOS ESTUVIERON DE ACUERDO: "¡NUNCA LO OLVIDAREMOS!"

PLAYING GAMES AND SINGING SONGS, HAVING FUN.

# JUGAR Y CANTAR CANCIONES, DIVERTIRSE.

THE FUNNY AVOCADOS, ALWAYS FOUND A WAY.

LOS DIVERTIDOS AGUACATES,
SIEMPRE ENCONTRARON LA
MANERA.

TO TURN EVERY MOMENT, INTO
A PERFECT DAY.

PARA CONVERTIR CADA
MOMENTO, EN UN DÍA
PERFECTO.

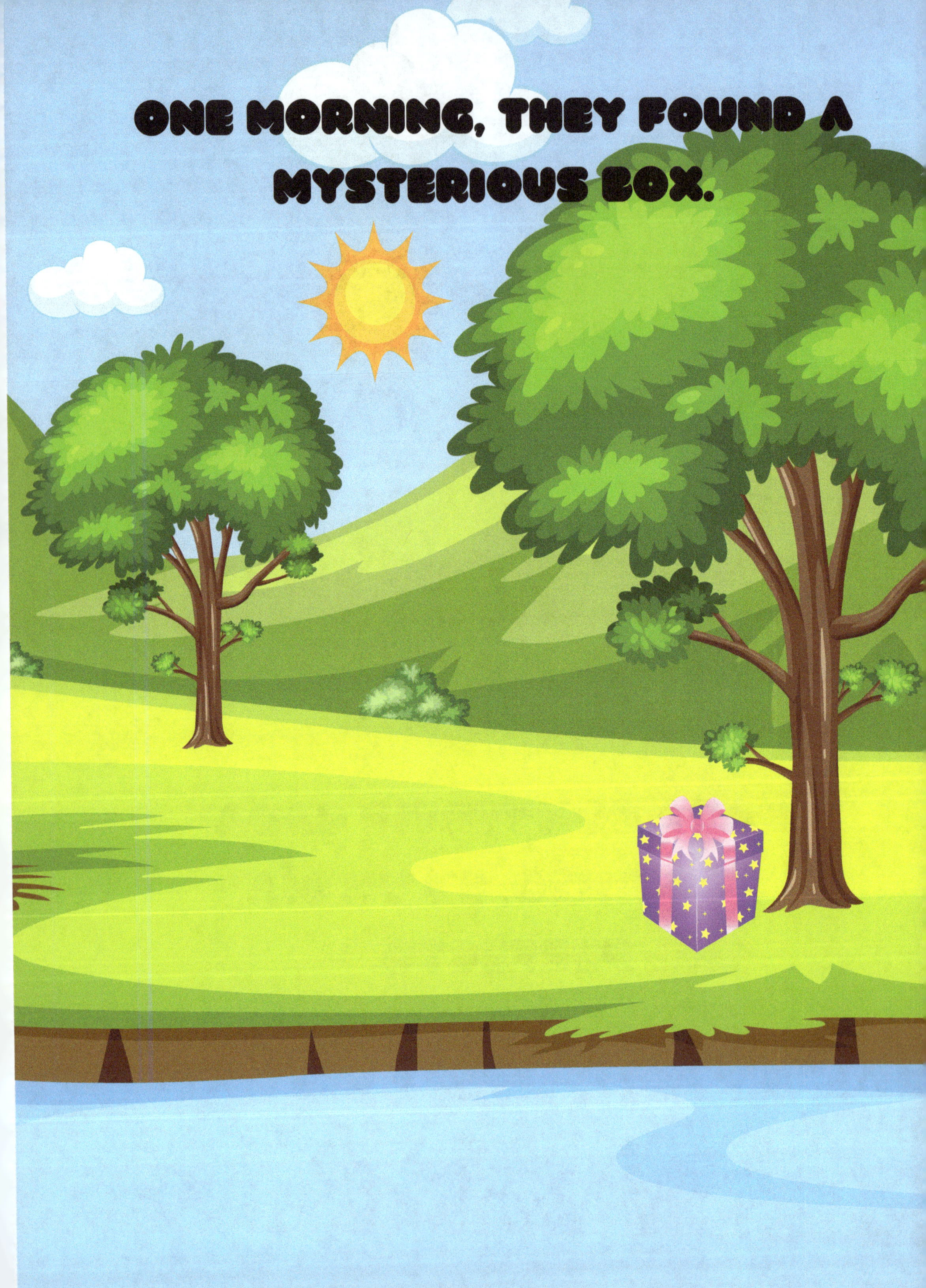

ONE MORNING, THEY FOUND A MYSTERIOUS BOX.

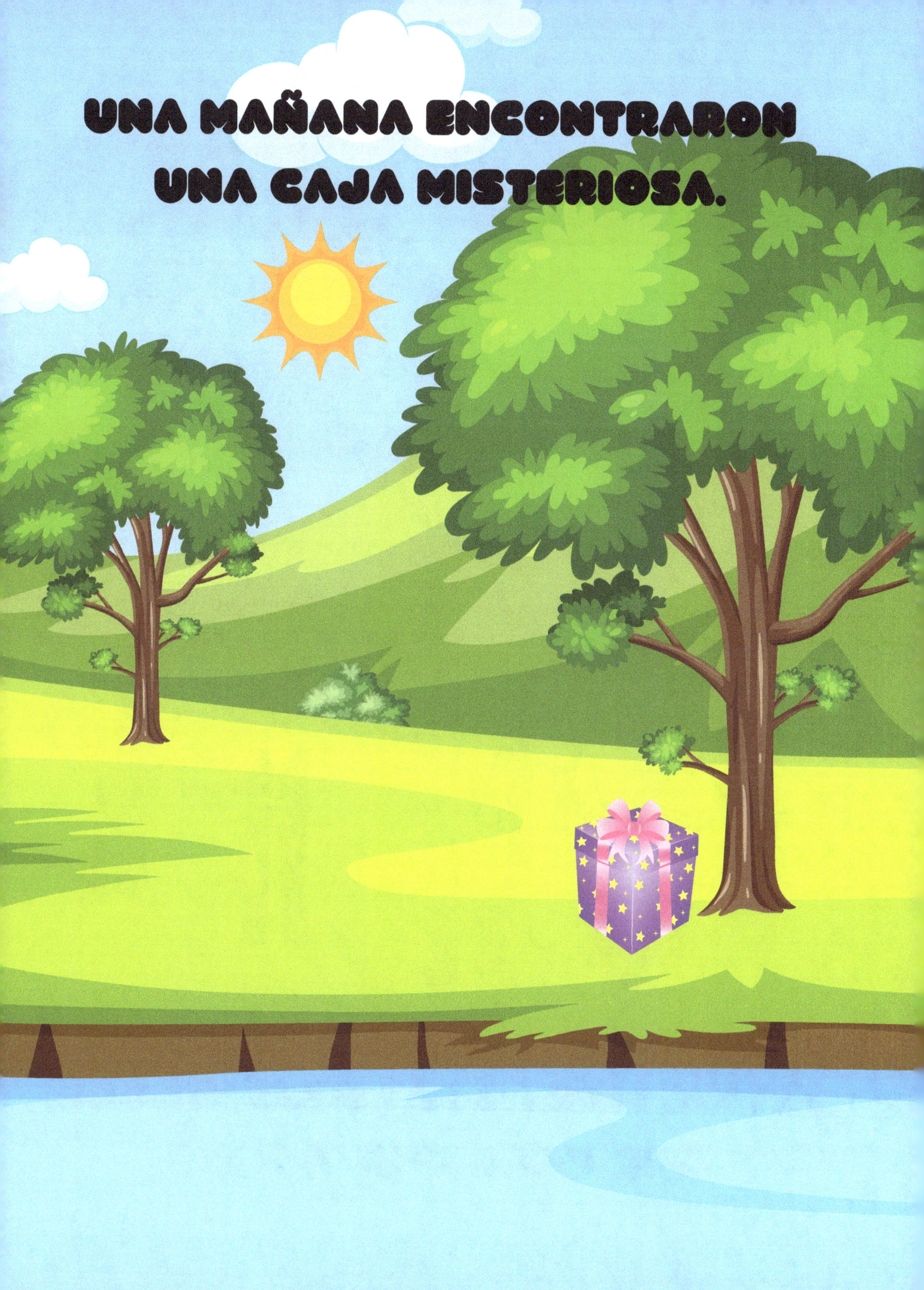
UNA MAÑANA ENCONTRARON
UNA CAJA MISTERIOSA.

INSIDE WERE COSTUMES, SHOES,
AND COLORFUL SOCKS.

DENTRO HABÍA DISFRACES, ZAPATOS
Y CALCETINES DE COLORES.

THEY DRESSED UP AS PIRATES,
WITH HATS AND A PATCH.

SE DISFRAZABAN DE PIRATAS,
CON GORROS Y UN PARCHE.

PRETENDING TO FIND
TREASURE, THEY STARTED TO
HATCH.

FINGIENDO ENCONTRAR UN TESORO, COMENZARON A SALIR DEL CASCARÓN.

THEY DUG IN THE DIRT, WITH
SHOVELS AND GLEE.

CAVARON EN LA TIERRA, CON PALAS Y ALEGRÍA.

FINDING A HIDDEN CHEST
BENEATH A BIG TREE.

ENCONTRAR UN COFRE ESCONDIDO DEBAJO DE UN GRAN ÁRBOL.

INSIDE WERE JEWELS, SHINY
AND BRIGHT.

DENTRO HABÍA JOYAS,
BRILLANTES Y BRILLANTES.

THEY DANCED AND TWIRLED, IN THE MOONLIGHT.

BAILARON Y GIRARON A LA LUZ
DE LA LUNA.

SO WHENEVER YOU FEEL, A
LITTLE BIT BLUE.

ASÍ QUE CUANDO TE SIENTAS,
UN POCO TRISTE.

REMEMBER THE AVOCADOS, AND
THEIR LAUGHTER TOO.

RECUERDA LOS AGUACATES Y
SUS RISAS TAMBIÉN.

AS THE STARS TWINKLED, THEY WHISPERED GOODNIGHT.

MIENTRAS LAS ESTRELLAS BRILLABAN, SUSURRARON BUENAS NOCHES.

DREAMING OF NEW ADVENTURES, UNTIL MORNING LIGHT.

SOÑANDO CON NUEVAS AVENTURAS, HASTA LA LUZ DE LA MAÑANA.

# Books By Schaaf

www.BookBySchaaf.com

Find us at: